Oscar Blumenthal

Die Philosophie des Unbewussten

Lustspiel in einem Akt

Oscar Blumenthal
Die Philosophie des Unbewussten
Lustspiel in einem Akt

ISBN/EAN: 9783743430440

Hergestellt in Europa, USA, Kanada, Australien, Japan

Cover: Foto ©ninafisch / pixelio.de

Weitere Bücher finden Sie auf **www.hansebooks.com**

Die

Philosophie des Unbewußten.

Lustspiel in einem Act

von

Oscar Blumenthal.

Alle Rechte vorbehalten.

Wien, 1876.

Verlag der Wallishausser'schen Buchhandlung
(Josef Klemm).

Im Jänner 1876 ist erschienen, und steht auf Verlangen gratis zu Diensten:

Wallishausser'scher
Theater-Katalog
Neue Folge Nr. 5,

enthaltend die Titel **über tausend Theaterstücke** ꝛc. (mit Angabe der Rollen und Bezeichnung der Charakteristik).

Unter der Presse befindet sich und erscheint im Laufe des Sommers 1876:

Wallishausser'scher
Theater-Katalog
Neue Folge Nr. 6,

enthaltend die Titel **vieler tausend Theaterstücke**, in alphabetischer Ordnung der Titel, und mit Autoren-Verzeichniß am Schlusse. Dieser Katalog wird ein ziemlich vollständiges Bild der **neueren** deutschen Theater-Literatur gewähren.

Das am Schlusse dieses Heftes beigeheftete Verzeichniß von Theaterstücken, welche in unserem Verlage in der

Sammlung Deutscher Bühnenwerke

erscheinen werden, empfehlen wir einer geneigten Beachtung.

Die

Philosophie des Unbewußten.

Lustspiel in einem Act

von

Oscar Blumenthal.

Alle Rechte vorbehalten.

Wien, 1876.

Verlag der Wallishausser'schen Buchhandlung
(Josef Klemm).

Personen.

Dr. Hermann Gentz, Arzt.
Lucie, seine Frau.
Frau von Weißhaupt.
Baron von Dille.
Ein Dienstmädchen.

Ort der Handlung: Eine große Stadt.

Den Bühnen gegenüber Manuscript.

Das Aufführungsrecht ist nur zu erlangen durch die Agentur der deutschen Genossenschaft dramatischer Autoren in Leipzig.

Elegantes Zimmer. Im Hintergrund eine Thür. Zwei Seitenthüren. Rechts ein Fenster. Daneben ein Tisch, auf welchem Hermanns Hut, Stock, Meerschaumpfeife, einige Bücher liegen. Im Vordergrund der Bühne eine Causeuse, Fauteuils u. s. w.

Erste Scene.

Hermann (eine epituräisch-behagliche, aber durchaus nicht phlegmatische Erscheinung) liegt ausgestreckt, rauchend auf der Causeuse. Lucie (mit einer Stickerei beschäftigt, auf dem Fauteuil).

Hermann. Das war aber einmal zu Mittag gespeist! Alle Achtung! Dieser Truthahn heut' wäre werth gewesen, unter den Klängen eines Chorals genossen zu werden. Würdiger konnten wir den Jahrestag unserer Hochzeit gar nicht feiern. Ich mache Deiner Kochkunst, Lucie, meine ehrerbietigsten Complimente.

Lucie. Ich verzichte darauf, lieber Hermann.

Hermann. So! .. und warum?

Lucie. Weil die Küche wirklich nicht das Feld ist, wo mein Ehrgeiz seine Schlachten schlägt. Und

— gesteh' ich's nur! — es kommt mir nicht eben kurzweilig vor, daß die Weihrauchswolken Deines Lobes nur noch gefüllten Mittagsschüsseln entsteigen.

Hermann. Das ist Dir zu „materialistisch"?

Lucie. Allerdings.

Hermann. Aber, süßes Herz, wenn ein weitverbreitetes Gerücht die Wahrheit verkündigt, soll selbst Romeo öfters gegessen haben.

Lucie. Ich bezweifle, ob er es mit so dithyrambischer Begeisterung gethan hat, wie Du.

Hermann. Ja, das verstehst Du nicht. Renne Du einmal stundenlang Trepp auf, Trepp ab, von einem Kranken zum andern — Du glaubst gar nicht, wie es den eig'nen Appetit zu Mittag stärkt, wenn man sich den ganzen Vormittag mit dem verdorbenen Magen Anderer beschäftigt.

Lucie. Ah — Du willst mir jetzt Deine heutigen Krankheitsgeschichten erzählen?

Hermann. Ich denke nicht d'ran!

Lucie. Das wundert mich. Besteht doch seit langer Zeit Deine ganze Zärtlichkeit darin, daß Du mir holde Geständnisse über die neuesten Diphtheritiserscheinungen machst oder in traulicher Stunde den Verlauf des letzten Scharlachfiebers berichtest.

Hermann. Du verlangst statt dessen ewige Liebeserklärungen?

Lucie. Wenigstens hätten diese für mich den Reiz der Neuheit.

Hermann. O geh! Du leidest heut' an verhaltenen Sentiments.

Lucie. Sehr begreiflich. Es ist ja unser Hochzeitstag; — an welchem Du freilich nichts weiter gefeiert hast, als die Auswahl Deiner Lieblingsgerichte.

Hermann. Von dem Dessert, das Du mir in diesem Augenblick verabreichst, bin ich weniger erbaut. — Gieb mir lieber meinen Pfeifenkopf herüber. Gegen den, denk' ich, wirst Du nichts einzuwenden haben. Ist doch die Göttin der Liebe selbst aus dem — Meerschaum entstiegen! . . .

Lucie. Der Hochzeitstag! Welcher Rückblick von lieblichen Erinnerungen öffnet sich da jeder andern Frau! — Mir nicht! Denn wenn es auch natürlich manche freundlich bewegte Stunde in der Vergangenheit giebt, die innigste Poesie der Jugend, mit ihren Thorheiten und Schwärmereien, die habe ich an Deiner Seite niemals gekostet. Schon am Anfang unseres Weges liegt viel nüchterne Prosa.

Hermann (paffend). Ja, in Gefühlen hab' ich eben niemals gesäuselt.

Lucie. Das muß wahr sein. Ich übrigens auch nicht. Deine prunklose Tüchtigkeit, Dein gediegener Kern imponirten dem jungen Mädchen und imponiren mir noch heut'... und so reicht' ich Dir meine Hand, wie es in den Briefunterschriften heißt: „Mit ausgezeichneter Hochachtung!" Die Blüthen Deiner Liebenswürdigkeit aber erinnerten mich von jeher nicht an ein Blumenbeet, sondern an den Gemüsegarten, und wenn Du bisweilen von der Gluth Deiner Zuneigung sprachst, so schwebte mir selten ein Vulcan vor, aber recht oft ein Küchen=herd oder Kachelofen.

Hermann. Das wird daran liegen, weil ich eben eine andere Auffassung von der Liebe habe, als Du.

Lucie. Auffassung von der Liebe — schon das ist erschreckend! Die wirkliche Liebe liebt, aber sie hat keine Auffassungen.

Hermann. Das mag früher gewesen sein, als der selige Matthisson seine Mondscheingedichte seufzte; die heutigen Philosophen haben uns andere An=schauungen eingepflanzt.

Lucie Ah — Du hast das Lieben im Colleg gelernt?

Hermann. Sieh', Lucie, ich muß Dir eine fürchterliche Enthüllung machen. Denke nur, ich habe schon vor der Bekanntschaft mit Dir eine ganze Anzahl von Liebesleidenschaften durchgefiebert. Die blonde Helene, die schwärmerische Malwine, die zartsinnige Adelgunde — sie tanzten in lieblichem Chorus durch meine Jugendträume. So ging's bis zu meinem — zwanzigsten Jahr. Damals aber fand ich eine kleine Nebenbeschäftigung, da mich das herannahende Examen zwang, recht, recht gründlich in die Tiefen der Naturwissenschaften einzudringen. Siehst Du, bei dieser Gelegenheit habe ich den Gefühlsdusel für immer begraben. Ich machte die fatale Entdeckung, daß die Natur uns die Tonleiter der rauschendsten Empfindungen nur durchlaufen läßt, um uns schließlich in Accord zu bringen mit ihren höchst profanen Zwecken. Du findest das Alles sehr schön bewiesen in Hartmann's „Philosophie des Unbewußten". Wozu also da viel Federlesens? Gehen wir doch lieber gleich freiwillig auf das Ziel los, wohin wir unfreiwillig schließlich doch getrieben würden. Nur keine überflüssigen Echauffements. Ich sah Dich und Du gefielst mir. Aber nicht als Ideal der Mädchenhaftigkeit, sondern als Embryo einer Hausfrau. Denn das war das natürliche Ziel!

Lucie. Und weil es das natürliche Ziel war, bist Du weiser Solon ihm gleich von Anfang an entgegengegangen. O über Deine unfehlbare Philosophie des Unbewußten! Du übersiehst nur bei diesen prahlerischen Bekenntnissen, daß ja auch Du von Fleisch und Blut bist, ein Mensch unter Menschen. Oder sage, sollt' ich mich irren? Sollte die Natur bei Dir ausnahmsweise schon durch die nüchternste Ueberlegung erreichen, was sie bei uns

andern Allen nur durch den Aufruhr der berausch=
testen Leidenschaften erzwingt?... Es ist ja wahr.
Angeschmachtet hast Du mich nie. Aber trotz alledem
— sei mal aufrichtig und beichte: Fühltest Du doch
nicht mitunter das Herz rascher schlagen, wenn Du
mich besuchtest?

Hermann. Warte mal, ich muß mich besinnen.

Lucie. Und als Du Deine Brautwerbung aus=
sprechen wolltest, hat sich Dir da nicht die Kehle
befangen zusammengeschnürt?

Hermann. Gewaltig! Aber soviel ich mich er=
innere, kam das zur Zeit von einer katarrhalischen
Affection der Stimmbänder.

Lucie. Hattest Du niemals in der Zeit der
Sehnsucht eine unruhige Nacht?

Hermann. Nur wenn ich zum Abendbrod etwas
zu Schweres gegessen hatte.

Lucie. Du bist entsetzlich. Laß Dir aber von
mir sagen, daß diese illusionslose Zone, in der Dein
Verstand nie außer Athem kommt, vielleicht sehr
gesund ist für Lunge und Leber. Aber mich über=
fröstelt's da oben eisig bis in's Herz... Deine
unvernünftige Vernunft ist mir zum Sterben lang=
weilig.

Hermann. Zum Leben indeß ist sie nöthig.

Lucie. Natürlich, jetzt kommst Du wieder mit
Deiner „Berufstreue". Mit diesem schrecklichen

Wort schlägst Du jede Zumuthung in die Flucht,
Deinem Leben eine gefällige Seele zu geben.

Hermann. Mit diesem schrecklichen Wort sag'
ich einfach, daß ich meine Pflicht thue. Und damit
nütz' ich! Mir, Dir und vielen Anderen.

Lucie. Schön! Aber was treibst Du denn in
Deinen Erholungsstunden? Es ist wahr. Mitunter
nimmst Du ein Buch vor. Mir kommt dann der
schmeichlerische Gedanke, daß Du vielleicht einen
Poeten liest und Dich mit ihm in eine höhere
Welt hebst! Aber weit gefehlt! Es ist das neueste
Werk über den Milzbrand oder über die Zusam=
mensetzung des Urschleims. Besonders Häckel und
Virchow, die kommen nie von Deinem Schreibtisch.
Wie ich diesen Häckel und Virchow hasse — das
kann ich Dir gar nicht sagen!

Hermann. Bei ihnen find' ich wenigstens Ab=
bilder wirklicher Zustände.

Lucie (bitter). O, Du würdest Dich auch bei
den Dichtern amüsiren. Ich frage Dich, kann es
etwas Lächerlicheres geben, als ein Mädchen, dem
vor Liebe das Herz bricht?

Hermann. Das sind Phrasen. Was Du ein
gebrochenes Herz nennst, ist in Wahrheit nur eine
täglich zunehmende Verfettung der Herzwände, die
absolut nichts Poetisches an sich hat.

Lucie. Oder lies Werthers Leiden. Das müßte
Dich doch wirklich zu Lachthränen rühren.

Hermann. Jugendschwärmereien! Wer für eine Lotte, die nicht zu haben ist, sein Gehirn verspritzt, beweist mir dadurch nur, daß er — wenig gehabt hat.

Lucie. Du strebst vergeblich, das Gefühl anzutasten, indem Du die Ueberschwänglichkeit verspottest. Nichts ist reizloser als diese Selbstüberhebung des Verstandes, die sich so gern als Geistesreife und gefestete Männlichkeit bewundert sieht — nichts trübseliger, als diese Oede des Herzens, die sich als Kraft des Charakters aufspielt — nichts unliebenswürdiger, als diese modernen überlegenen Köpfe, die dabei so kopflos sind, alle Empfindungen aus der Welt zu denken. Aber was sprech' ich mit Dir von Empfindungen!

Zweite Scene.
Die Vorigen. Das Dienstmädchen.

Das Dienstmädchen. Frau von Weißhaupt.

Lucie. Ist willkommen. (Dienstmädchen ab.)

Hermann. Um Gotteswillen, das fehlte noch. Erst hast Du mich hier katechisirt und nun wird mich noch Frau von Weißhaupt mit einem Platzregen von Menschenfreundlichkeit überströmen.

Dritte Scene.
Frau von Weißhaupt. Die Vorigen.

Frau von Weißhaupt. Guten Tag, meine Lieben. Mich führt eine höchst delikate Angelegenheit hierher.

Hermann. Dann lege ich sie vertrauensvoll in Luciens Hände. Ich muß noch schleunigst in meinem Arbeitszimmer Einiges erledigen.

Frau von Weißhaupt (ihn festhaltend). Nein, mein stürmischer Doctor, so rasch kommen Sie mir nicht fort.

Hermann (ungeduldig). Aber bedenken Sie, gnädige Fau, meine Arbeit!

Frau von Weißhaupt. Sehen Sie mich erst einmal an.

Hermann. Aber ich hatte ja schon öfters das Vergnügen.

Frau von Weißhaupt. Nein, gerade heute. Bemerken Sie nicht, wie ein ganz besond'rer Glücksstern in meinen Augen leuchtet? Ein Glücksstern, sage ich Ihnen, ein Stern der Freude.

Hermann. Meinetwegen eine ganze Asteroidengruppe. Aber ich bitte Sie nun, gnädige Frau, meine Ar—

Frau von Weißhaupt. Und woher kommt dieser Glücksstern? Weil ich in der gestrigen Generalversammlung zur Vicepräsidentin des Asyls für verwahrloste Nätherinnen ernannt worden bin.. Vicepräsidentin! — Brauche ich mehr zu sagen?

Hermann (immer ungeduldig). Ich beglückwünsche Sie, ich beglückwünsche das Asyl, ich erkläre daß ich unter der Aegide einer solchen Vicepräsidentin

beinahe selber Lust hätte, als Rätherin zu ver=
wahrlosen, aber nun lassen Sie mich wohl . . .

Lucie. Der wievielte Verein ist das übrigens
in dessen Vorstand Sie gewählt sind?

Frau von Weißhaupt (innig). Der siebenund=
dreißigste! — Und denken Sie, was gleichzeitig
meiner Tochter Amathusia begegnet . .

Hermann (sich losreißend). Aber, gnädige Frau,
ich stehe auf Kohlen.

Frau von Weißhaupt. Und wenn Sie noch auf
ganz andern Brennmaterialien stünden. . . . Sie
müßen sich erzählen lassen, daß Amathusia heute
Morgen einstimmig in der sechzehnten Volksküche
zur Ober=Voresserin erwählt wurde!

Hermann. Alle Achtung vor Ihrer Amathusia.
Aber —

Frau von Weißhaupt. Und — Sie werden's
kaum glauben — dabei hat man von aller Hin=
gebung an's Gemeinwohl und allem uneigennützi=
gen Wirken für die Menschheit bisweilen noch oben=
ein Aerger, noch obenein Verdruß. Da muß ich
Ihnen eine Perfidie erzählen —

Hermann (mit Ergebung). Ich bin ganz Ohr.

Frau von Weißhaupt. Schreibt mir da irgend
ein verkommenes Individuum einen Bittbrief —
einen Bittbrief — es ist unerhört! — Ich solle
ihm mit Rücksicht auf die Opferwilligkeit und Aus=
dauer, die er durch sechsmonatliches Speisen in der

Volksküche bewiesen hätte, die Kosten für eine Badereise bewilligen. Für eine Badereise! Wie gefällt Ihnen das? Er behauptet, bereits die Symptome eines Magenkrebses zu verspüren! Unterzeichnet August Nudel. Pfui, wie plebejisch!

Hermann. Sie können doch aber nicht verlangen, daß geheime Regierungsräthe Ihre Volksküche besuchen! (Er will fort. Sie holt ihn zurück.)

Frau von Weißhaupt. Und was geschieht neulich? Wird mir folgender Beschwerdezettel zugestellt. Ich muß ihn in meinem Notizbüchelchen haben. (Sie nimmt ein sehr großes Notizbuch aus der Tasche und liest daraus folgenden Zettel vor:) „Unterzeichneter fand schon wiederholt in seinem Suppenteller die Fragmente eines Strickstrumpfes, der jedenfalls zum Erscheinen in einzelnen Lieferungen bestimmt ist. Er bittet dringend um die fehlenden Theile!" Unerhört!

Hermann. Ach so, das war wohl die delikate Angelegenheit, von der Sie vorhin sprachen .. doch jetzt —

Frau von Weißhaupt. Nur noch Eins. Sie betheiligen sich doch ebenfalls an der Collecte zur Bildung eines städtischen Nachtwächterpensionsfonds? Hier ist die Liste. (Sie zieht eine sehr voluminöse Liste hervor).

Hermann (wirft einen Blick hinein). Becker, 5 Thaler — Rosenberg, 10 Silbergroschen ... aber, Frau von Weißhaupt, ich vermisse ja ganz die Einzeichnung Ihres Namens?

Frau von Weißhaupt. Erlauben Sie! Ich gehöre zum Comité!

Hermann. Ach so, das ist etwas Anderes. Na, wir wollen's überlegen. Aber nun Verzeihung, meine Gnädige...

Frau von Weißhaupt (ihm nacheilend). Gott, da hätt' ich beinahe noch Eins vergessen. Hier, die Eintrittskarte zu meinem heutigen Vortrag in der Magdalenen=Stiftung.

Hermann. Auch das noch. Nun meinetwegen. Wie ist denn das Thema?

Frau von Weißhaupt. Es steht ja d'rauf.

Hermann (liest). „Ueber die Mittel zur sittlichen Hebung der Landammen!"... Empfehle mich Ihnen. (Er geht durch die linke Thür ab.)

Vierte Scene.

Frau von Weißhaupt. Lucie.

Frau von Weißhaupt. Gott sei Dank, daß er endlich weg ist! Es ist vielleicht besser, er hört nicht, was ich von Ihnen will. Denn ich habe eine große, große Bitte an Sie, die Sie gleich heute, gleich im Laufe des Nachmittags erfüllen müßten.

Lucie. Sie wissen, Frau von Weißhaupt, ich stehe Ihnen gern mit Herz und Hand zur Verfügung.

Frau von Weißhaupt. Ach Herz und Hand können mir hier Nichts nützen. Ihr Mund ist es, den ich brauche.

Lucie. Mein Mund? Ich soll doch nicht etwa einen Vortrag halten? Das müßt ich ablehnen. Vorträge halt' ich nicht einmal zum Privatgebrauch für meinen Mann. Also was wünschen Sie?

Frau von Weißhaupt. Nichts weiter, als — einen einzigen . . . Kuß!

Lucie (lachend). Mein Gott, wenn es sich um nichts Größeres handelt! Sie wissen, ich schätze Sie als meine herzensgute, mütterliche Freundin. Also wenn Sie einmal diesen eigenthümlichen Appetit haben . .

Frau von Weißhaupt. Ach, Sie verstehen mich falsch. Ich will den Kuß ja nicht für mich.

Lucie. Wie? Nicht für Sie? Sondern?

Frau von Weißhaupt. Es ist ja nicht so gefährlich wie's klingt . . . Für einen jungen Baron

Lucie (auflachend). Das ist aber stark, verehrte Freundin. Wie soll ich das deuten? Sie sprechen in Hieroglyphen.

Frau von Weißhaupt. So hören Sie. Die Geschichte entwickelte sich auf dem letzten Bazar zu Gunsten unser's Armenkindergartens. Sie hatten ja damals die Güte, Sie liebes Engelchen, sich als Verkäuferin dem Comité zur Verfügung zu stellen.

Lucie. Das heißt, ich habe Ihren wiederholten unwiderstehlichen Ueberredungsversuchen . .

Frau von Weißhaupt. Gleichviel. Sie waren da. Und erinnern Sie sich nun, wie Sie am ersten Tage unter Ander'm auch einem jungen Mann für zwei Louisd'or eine Cigarrentasche verkauften?

Lucie. Ja, ja. Mein Mann kam gerade dazu, um mich abzuholen.

Frau von Weißhaupt. Nun sehen Sie, dieser junge Mann war der Baron von Dille.

Lucie. Herr von Dille! Es wurde mir öfters gesagt, daß er als ein schaler Geck allgemein bekannt ist.

Frau von Weißhaupt. O, so schlimm ist es just wohl nicht. Er ist allerdings hier oben ein bischen knapp weggekommen. Aber was wollen Sie? Das ist ein Familienfehler derer von Dille . . . Und nun denken Sie, was der junge Baron zu seinem Begleiter sagte, als er die Cigarrentasche in Händen hatte. Meine Amathusia stand am Nachbartisch und hat's mir wörtlich berichtet . . .

Lucie. Er sprach sich gewiß lobend über die Stickerei aus?

Frau von Weißhaupt. Er sagte buchstäblich mit einem unzweideutigen Seitenblick auf Sie: „Pompöse Brünette das! Zwei Louisd'or für die Cigarrentasche zwar ein bischen viel — gäbe aber gleich zwanzig für einen einzigen Kuß von ihren Rosenlippen." Nun, was sagen Sie dazu? Was sagen Sie?

Lucie. Die Abschätzung ist sehr schmeichelhaft, aber entre nous, ebenso unverschämt.

Frau von Weißhaupt. Ich finde sie großartig, opfermuthig, überwältigend! Zwanzig Louisd'or für den Armenkindergarten . . . Seitdem sich diese Perspective mir aufthat, hatte ich keinen ruhigen Augenblick mehr. Der Schlaf meiner Tage war hin, die Ruhe meiner Nächte — nein umgekehrt — aber mit einem Wort, ich faßte gestern einen aufopfernden Entschluß.

Lucie. Hoffentlich bin ich nicht das Opfer.

Frau von Weißhaupt. Ich that mein Mögliches, um es zu vermeiden. Ich forderte Herrn von Tille auf, mich zu besuchen!

Lucie. Und beschlossen was?

Frau von Weißhaupt (verschämt). Und fragte ihn, ob er sich nicht vielleicht den bewußten Kuß von mir geben . .

Lucie. Vorzüglich! Er verneinte doch nicht?

Frau von Weißhaupt. Nein, aber verweigerte in diesem Fall die zwanzig Louisd'or. Ein Kuß von mir wäre also keine Wohlthat gewesen.

Lucie. So meinen Sie denn, daß ich doch —. Aber welches Ansinnen!

Frau von Weißhaupt. Ach, lassen Sie mich nur heute nicht im Stich. Im Vertrauen auf Ihre erprobte Menschenfreundlichkeit, im Vertrauen auf Ihre Begeisterung für die Kindergärten ... nun, es muß ja doch einmal heraus — ich habe Herrn von Dille herbestellt und in einer Viertelstunde muß er da sein!

Lucie. Sie verfügen aber wirklich etwas eigenmächtig! Und obenein in meiner Wohnung!

Frau von Weißhaupt. O, glauben Sie, aus tausend unerzogenen Armenkinderkehlen wird ein Dankgebet für Sie zum Himmel steigen und — aber es ist ja eigentlich gar kein Kuß. Denn ist das ein Kuß, der nicht aus Liebe gegeben wird?

Lucie. Nun, die Liebe werden Sie doch hoffentlich nicht auch noch verlangen?

Frau von Weißhaupt. Und Sie küssen ja genau betrachtet gar nicht den Baron von Dille. Sie küssen im Grunde genommen den Armenkindergarten. Und Ihre Neigung zu diesem habe ich ja so oft geprüft!

Lucie. Um so leichter könnten Sie mir dies mündliche Examen erlassen.

Frau von Weißhaupt. In Amerika kommen solche Küsse sehr oft vor.

Lucie. Wir in der alten Welt sind aber leider noch nicht so vorurtheilsfrei!

Frau von Weißhaupt. Sie umfassen mit Ihrem Herzen die ganze Menschheit: Warum sollen Sie nicht auch einmal Herrn von Dille umfassen? Ihr Mann selbst hätte nichts dagegen einzuwenden.

Lucie. Mein Mann? O da kennen Sie ihn blutwenig. Er hat für solche Extravaganzen gar kein Verständniß.

Frau von Weißhaupt. Nun, so sagen wir ihm Nichts davon.

Lucie. Nein, nein, nein, meine Gute. Es thut mir leid, aber es kann Nichts daraus werden.

Frau von Weißhaupt. Wirklich nicht?

Lucie. Wirklich nicht.

Frau von Weißhaupt. Sie zerstechen mir das Herz. Nun dann gestatten Sie wenigstens, daß ich an Herrn von Dille ein rasches Absageschreiben sende. Sonst kommt er uns noch hier über den Hals und erfährt meine Niederlage.

Lucie. Bitte, Frau von Weißhaupt, hier im Nebenzimmer können Sie bequem den Brief niederschreiben.

Frau von Weißhaupt. Ach, diese beraubten armen Kinder! (Sie geht durch die rechte Thür ab.)

Fünfte Scene.
Lucie. Dann Hermann.

Lucie. Wenn doch Hermann nur ein Theilchen von dem hätte, was diese herzensgute Schwärmerin zu viel hat. Ach — da kommt er ja.

Hermann (tritt ein). Nun? die delicate Angelegenheit erledigt. Was war's denn?

Lucie (zögernd). Eine Lappalie.

Hermann. Dann kann ich wohl nun in's Café, wo die Partner meiner regelmäßigen Nachmittagspartie mich schon am Billard erwarten.

Lucie. Wie Du es aber eilig hast. Selbst am Hochzeitstag.

Hermann. Du weißt, daß Bewegung nach Tisch eine Nothwendigkeit für mich ist: Selbst am Hochzeitstag.

Lucie. Immer zweckmäßig! Ich glaube, aus Zweckmäßigkeitsgründen gingst Du auch gleich nach Utah oder zum Hindukusch ohne Scrupel, mich Jahre lang allein zu lassen.

Hermann. Dein Alleinsein machte mir allerdings keine Scrupel. Nur der Gedanke hält mich zurück, daß Du — Gesellschaft finden könntest.

Lucie (lachend). Also doch eine Regung der Eifersucht. — Sage mal, Hermann, könntest Du eifersüchtig werden?

Hermann. Nein. Ich glaube bestimmt nicht.

Lucie. Wenn ich doch ein einziges Mal erlebte, daß Du Dich wuthschnaubend nach dem Schnupftuch der Desdemona umsähest!

Hermann. Im Fall des Findens würd' ich es mit Gelassenheit der Waschfrau geben.

Lucie. Weil Du mich nicht für gefährlich hältst?

Hermann. O doch. Aber ich würde ein einfaches Entweder-Oder aufstellen. Das Entweder sagt mir: Es handelt sich um eine Tändelei bei deiner Frau. Dann würde ich diese tändelnde Frau recht, recht verständig —

Lucie. Wieder verständig. Es ist zum Tollwerden!

Hermann. Recht verständig würd' ich sie in's Gebet nehmen und ihr nachweisen, daß meine argusäugige Wachsamkeit tausend Teufeleien erfinden würde, die der losen Tändlerin die Hölle auf Erden bereiten. Und wenn ihr dann klar geworden ist, daß die „Summe der Unlust", die aus meiner Nachsucht entspringt, größer sein wird, als die „Summe der Lust", die aus dem losen Tändeln erblühen könnte, dann hoffe ich, sie im Geiste Hartmann's durch diese arithmetische Auseinandersetzung curirt zu haben.

Lucie. Du bist classisch. Aber nun das Oder!

Hermann. Wenn's keine Tändelei ist, dann hilft kein Sträuben. Denn wer trüge die Hauptschuld? Du? Mit nichten!

Lucie. Wer denn? Du bist der toleranteste Ehemann der bewohnten Welt.

Hermann. Ich! Und nur ich!

Lucie. Du bist ein Mustergatte.

Hermann. Warum bin ich — so würd' ich mich fragen — thöricht genug gewesen, auf Wind und Wellen eines wankelmüthigen Frauenherzens, mein Lebensschiff zu stellen und nur dem Compaß der Ehre zu vertrauen? Die Treue — das könnte ich mir nicht verschweigen — ist ein Geschöpf der Civilisation, die sich selbst erhalten will. Die Natur weiß nichts davon. Sie hat tief in das menschliche Herz den Hang zum Wechseln und Wandeln gelegt, und es war ein vermessenes Wagen, in den Ring eines Gelöbnisses die kreisenden Triebe hineinzulöthen. Da würd' ich ruhig versuchen, dem Lebensschiffe einen andern Cours zu geben, und die Hoffnung nicht sinken lassen, es vielleicht auf einem neuen Weg in den Hafen zu lenken.

Lucie. Weißt Du, daß diese Gelassenheit mich beleidigt?

Hermann. So brechen wir das Gespräch ab. (Nimmt Hut und Stock.) Ade, Kind, und werde endlich vernünftig.

Sechste Scene.

Lucie. Dann Frau von Weißhaupt.

Lucie. Ja wohl. Es wird Zeit. Nun warte, mein Hermann, Dir soll sogleich Tokayer fließen.

Frau von Weißhaupt (mit dem Brief). Da. Senden wir den Trauerbrief ab.

Lucie. Geben Sie her. Ich hab's mir anders überlegt. (Zerreißt den Brief.)

Frau von Weißhaupt. Wie, Sie wollen?

Lucie. Ich bin bereit.

Frau von Weißhaupt. Ach, Sie Engel. Im Namen Fröbel's, des erhabenen Schirmherrn der Kindergärten...

Lucie. Nein, ich verdiene Ihren Dank nicht. Ich thu's aus Eigennutz.

Frau von Weißhaupt. Sie wollen Herrn von Dille aus Eigennutz küssen?

Lucie. Zu einem wohlthätigen Zweck.

Frau von Weißhaupt. Für den Kindergarten, meinen Sie?

Lucie. Nein, die Wohlthat soll mir zu Gute kommen.

Frau von Weißhaupt. Wie, — Sie wollten die zwanzig Louisd'or doch nicht...

Lucie. Ich will Sie aufklären. Sie müssen wissen, daß mein Mann verstandeskrank ist.

Frau von Weißhaupt. Sie erschrecken mich. Ich bemerkte doch niemals (nach der Stirn zeigend) —

Lucie. Nein, seine Krankheit besteht darin, daß er zuviel Verstand hat, und da will ich denn mit Hülfe des Kusses diesen urvernünftigen Herrn Gemahl in einen so unvernünftigen Krampfanfall der Eifersucht hineinhetzen, daß er einmal aus der

Höhe seiner olympischen Unerschütterlichkeit recht menschlich herunterfällt.

Frau von Weißhaupt. Und da soll ich —?

Lucie. Sie sollen nur hier bleiben, bis die Eruption überstanden ist, und dann sollen Sie Alles bestätigen, was ich Herrn von Dille vor — lüge.

Frau von Weißhaupt. Ich bin zu Allem bereit, wenn Fröbel im Spiel ist.

Lucie (lebhaft). Nur einmal möcht' ich an Hermann eine Erregung erleben, die den trägen, schleichenden Gang unsrer Tage erfrischend unterbräche. Ihn so recht eigentlich aus dem Häuschen zu bringen, seinen philosophischen Gleichmuth aus allen Verschanzungen hervorzulocken und ein Gefühl in ihm zu erwecken, sei es selbst ein häßliches, das Klugheit und Schulwitz überrumpelt — ach, welche Erholung, welches Vergnügen!

Siebente Scene.

Die Vorigen. Das Dienstmädchen. Gleich darauf Herr von Dille.

Dienstmädchen. Ein Herr wünscht Sie zu sprechen. (Ueberreicht eine Visitenkarte.)

Lucie. Ah, Herr von Dille. — Laß eintreten.

Herr von Dille. (Sehr blond. Gelb gekleidet. Stets verlegen. Er darf in der ganzen Scene nicht recht zur Besinnung kommen). Ich versichere Sie, gnä'ge Frau, ich bin unschuldig daran, wenn ich hier vor Ihnen stehe. Ich bin im Allgemeinen schüchtern, wie eine junge Taube, aber Frau von Weißhaupt hat mich so stürmisch gedrängt. . . .

Lucie. Ich weiß Alles, Herr Baron, ich weiß Alles.

Frau von Weißhaupt. Meiner Beredtsamkeit und der Unwiderstehlichkeit der Fröbel'schen Grundsätze ist es gelungen, die Zustimmung der Freundin zu erlangen.

Lucie. Aber nicht bedingungslos. Ich fordere eine Gegenleistung.

Herr von Dille. Ich bin zu jeder möglichen bereit.

Lucie. Nun wohl. Dann bitte ich nur, die Procedur möglichst zu beschleunigen. Entschlüsse, wie der meinige, gehören zu denen, die man nicht allzulange festhalten kann. Zaudern Sie, so bin ich vor mir selbst nicht sicher!

Frau von Weißhaupt. Also rasch, Baron, rasch!

Herr von Dille (einen Schritt sich ihr nähernd). Sie dürfen glauben, gnä'ge Frau, schon beim ersten Anblick haben Sie mir meinen ganzen Verstand geraubt.

Lucie. Nun, jedenfalls that ich es nicht, um mich zu bereichern! — doch wenn ich bitten darf, nur keine lange Vorrede.

Herr von Dille. Gnä'ge Frau sind aber zu liebenswürdig. (Für sich:) Sollte ich schon Eindruck gemacht haben? (laut:) . . . Gnä'ge Frau, ich kann Ihnen nur nochmals . . . Wenn's nicht der wohlthätige Zweck . . . (Während unter ermunterndem Zureden der Frau von Weißhaupt Tille sich Lucie nähert, ist diese von einem plötzlichen Gedanken erfaßt worden und eilt mit rascher Bewegung auf die andere Seite der Bühne, so daß Tille verblüfft in der Mitte stehen bleibt).

Lucie. Nein! nein! ich habe es mir anders überlegt . . .

Frau von Weißhaupt. Aber, liebste Freundin!

Herr von Dille. Wo ich bereits den Mund gespitzt hatte!

Lucie. Ja, ich sehe es nicht ein. Warum soll ich pränumerando zahlen? Ich verlange zuerst die Gegenleistung, und dann mag meinetwegen der Kuß seinen Lauf gehen.

Frau von Weißhaupt. Das dürfen Sie nicht abschlagen, Baron. — Und was verlangen Sie, werthe Freundin?

Herr von Dille. Jedenfalls dürfen Sie auf meine unbedingteste Discretion rechnen.

Lucie. Im Gegentheil. Ich rechne auf Ihre unbedingteste Indiscretion.

Herr von Dille. Auch darauf dürfen Sie rechnen, aber wie soll ich das deuten?

Frau von Weißhaupt. Hören Sie nur zu!

Herr von Dille (drückt durch komische Pantomimen aus, daß er nichts verstehe).

Lucie. Sie erinnern sich vielleicht eines Herrn im Bazar, der an meinem Tische stand, als Sie die Cigarrentasche kauften.

Frau von Weißhaupt. Es war einer der schönsten Augenblicke meiner Kindergarten-Carrière.

Herr von Dille. Ja, ja . . . warten Sie . . . ja, ja, ich erinnere mich an den Herrn — er hatte einen Anzug, der in's Chokoladenbraune schillerte.

Lucie. Ganz richtig. Den trägt er noch heute. Nun sehen Sie, dieser Herr verfolgt mich seit einiger Zeit mit den unverschämtesten Galanterien bis in meine Wohnung.

Herr von Dille. Bis in Ihre Wohnung! Es gibt wirklich Menschen, welche die Zudringlichkeit so weit treiben?

Lucie. Allerdings! Es gibt Deren! . . . Erst vor einer Stunde hat mich der Verfolger verlassen, um in's Café de l'Europe hinüberzugehen. Hier vom Fenster aus können Sie's sehen.

Herr von Dille. Ah, dort drüben?

Lucie. Ganz recht. — Wenn Sie doch nun auch hinübereilten und diesen dreisten Courmacher in einem Augenblick zu erwischen suchten, wo lauschende Ohren nicht in der Nähe sind. Da sollen Sie ihm dann eine Mittheilung ins Ohr tröpfeln, die Gift in sein Blut gießt. Ich will ihn bestrafen, ich will mich an ihm rächen, und deswegen sollen Sie ihm so gesprächsweise, im Ton des Triumphes erzählen, daß wir noch heute Nachmittag eine Zusammenkunft haben, und zwar eine Zusammenkunft unter dem Schleier des Geheimnisses, eine Zusammenkunft, für die ich Ihnen einen ersten Kuß versprochen habe.

Herr von Dille. Famos! Der Auftrag gefällt mir ganz außerordentlich.

Lucie. Es ist allerdings nicht wahr, was Sie da erzählen werden . . .

Herr von Dille. Oh, das schadet nichts. Ich habe schon so manches Abenteuer erzählt, das ich gar nicht erlebt habe.

Lucie. Desto besser! Von dem wohlthätigen Zweck und von Frau von Weißhaupt erwähnen Sie natürlich Nichts.

Herr von Dille. Keine Silbe! Was ist eigentlich dieser kecke Don Juan?

Lucie. Was ist er doch gleich . . . ich glaube . . . was lasse ich ihn nur gleich sein? — Ich glaube, er ist Buchhalter. Nicht wahr, Frau von Weißhaupt?

Frau von Weißhaupt. Ja wohl, Buchhalter. Wenn ich nicht irre, doppelt italienischer.

Herr von Dille. Ach, daher die Heißblütigkeit. — Pittoresker Witz! — Na, wir wollen ihn schon foltern.

Lucie. Dann schenken Sie ihm nur recht lange Ihre Gesellschaft . . . das heißt, nach der Unter=

redung mit ihm erwarte ich Sie wieder, denn dann muß ich ja die Schuld entrichten.

Herr von Dille. Ich eile — auf Flügeln der Gefälligkeit —

Frau von Weißhaupt (ihm nach). Ach, fast hätt' ich ganz vergessen . . . Ich wollte mir noch erlauben, Ihnen die Eintrittskarte zu meinem heutigen Vortrag zu geben. Sie kommen doch?

Herr von Dille (liest). „Ueber die sittliche Hebung der Land —" . . . Auf mich dürfen Sie rechnen. (Ab).

Achte Scene.

Frau von Weißhaupt. Lucie.

Lucie. So! Die mise en scène wäre ja nun besorgt. Wollen sehen, wie der Erfolg ist.

Frau von Weißhaupt. Und Sie fürchten gar nichts für Ihren Ruf?

Lucie. Herr von Dille kann ihn nicht compromittiren.

Frau von Weißhaupt. Und wenn er nachher seinen fälligen Wechsel auf einen Kuß präsentirt?

Lucie. Möge mir der Himmel inzwischen einen verschmitzten Gedanken bescheren, der mich davor behütet.

Frau von Weißhaupt. Doch werden Sie nicht an dem Kindergarten Verrath üben!

Lucie. Nein, nein, Sie haben ja mein Wort!

Frau von Weißhaupt. Ein ganz charmanter Mensch, dieser Baron von Dille. Und solch kindliches Gemüth. Aber nun, liebe Freundin, gestehen Sie! Mit mir sind Sie doch zufrieden gewesen? Wie mäuschenstill habe ich Ihren waghalsigen Feldzugsplan mitangehört... Ach, und dabei versäume ich ganz, meinen Vortrag auswendig zu lernen. Nein, wenn ich noch bleiben soll, so müssen Sie mir ein bescheidenes Winkelchen anweisen, wo ich mein Manuscript memoriren kann (zieht ein voluminöses Manuscript hervor). Kann ich hier hinein? Memoriren — das ist die Hauptsache...

Lucie. Gehen Sie nur inzwischen hier in den Salon, liebe Frau von Weißhaupt. Und lassen Sie mich in diesem Boudoir das Ausbrechen des Orkans allein abwarten.

Frau von Weißhaupt. Ach, wenn mir nur die Aufregung nicht heut' Abend das Gedächtniß verwirrt. Denken Sie, wie's mir neulich gegangen ist. Es war im Kindermädchen=Fortbildungsverein. Ich soll einen Vortrag halten über die empfehlenswertheste Präparation der Lutschbeutel. Alle hängen gespannt an meinem Munde... und im Anfang geht auch der Vortrag ganz nach Wunsch. Besonders zündete meine kritische Beleuchtung der beliebtesten Päppelmethoden. Als ich aber anfangen wollte, mich über die Wickelkissen zu verbreiten, fühle ich schon eine unbequeme Empfindung... und wie

ich endlich zum Milchbrei komme, bleibe ich mitten
d'rin stecken. Meine Situation war schauderhaft.
Nein, das darf sich nicht wiederholen. Memoriren,
heißt es da — memoriren! (Ab).

Neunte Scene.

Lucie (die schon mit sichtbarer Zerstreutheit dem Ge-
plauder der Frau von Weißhaupt zugehört hat, geht erregt
im Zimmer auf und ab, spricht mit vielen Pausen und tritt
bisweilen an's Fenster). Der Pfeil ist nun abgeschossen.
Ich bin neugierig, ob er sein Ziel erreicht. —
Doch nein! nicht neugierig, ob ... nur neugierig,
wie er trifft. Denn treffen muß er ja. Untrüglich,
ohne Zweifel. — O was wird Hermann hören!
Ich, seine Lucie, habe mit einem Herrn von Dille
zärtliche Unterhaltungen gepflogen und bin sogar
bis zu der Thätlichkeit eines Kusses geschritten ...
(lachend.) Wenn das nicht sein Blut zum Ueber-
kochen bringt, dann hat er Sodawasser in den
Adern, dann ist er ein Ausnahmemensch, dann ist
sein Herz wie mit einem Schildkrötenpanzer zu-
gedeckt, dann hat ein frostiger Calcül sein ganzes
Fühlen wie mit einer widerstrebenden Erzrinde
überkrustet. Dann muß die Selbstsucht, das Be-
hagen für ihn wirklich den letzten Gipfel des Da-
seins bilden, — und ein Leben voll schmerzlicher
Täuschung liegt hinter mir, voll schmerzlicher Wahrheit vor mir! .... Doch, was red' ich da für

Unmöglichkeiten! Hermanns Zweckmäßigkeitscultus
ist ja nur eine schrullenhafte Uebertreibung. Ein
einziger Windstoß der Erregung wird seine ganze
Philosophie des Unbewußten über den Haufen
blasen. — Wie, mein weiser Herr Gemahl, Sie
wollen ganz freiwillig und geraden Weges für die
Zwecke der Natur leben? Aber wissen Sie denn
auch, daß Sie das nur mit den Mitteln der Un=
natur erreichen können? — Sie mögen in Ihren
Büchern noch so scharfsinnig die Narrethei der
Menschengefühle nachweisen — in Ihrem Leben
werden Sie zu diesen närrischen Menschengefühlen
die Beispiele geben! . . . Doch wozu jetzt diese
grüblerischen Meditationen. — Wo nur Hermann
bleibt! (Am Fenster.) Ah! Da kommt er. — Ge=
wonnen, gewonnen! Sein zorngeröthetes Gesicht
proclamirt unüberhörbar meinen Sieg. — Und
welch außergewöhnlicher Geschwindschritt! . . . Her=
mann, Hermann, wo bleiben deine gemessenen
Pas! . . . Aber nun sollst Du Dich auch abquälen
bis zur Ermüdung. — Nur strategisch verfahren!
— Rasch Position gefaßt! — (Nimmt ein Buch vom
Schreibtisch und setzt sich auf das Sopha.)

Zehnte Scene.

Hermann. Lucie.

Hermann (stürzt erregt herein.) Wo ist Lucie?
(Erstaunt stehen bleibend, für sich:) Unerhört! Eine Zer=
knirschte, eine Reuevolle glaubt' ich zu finden, das

innerste Mark von nagenden Gedanken zerbohrt — und ich finde eine Lesende . . . (Geht einige Mal im Zimmer erregt auf und ab.) Doch nun ruhig, ruhig, alter Junge. (Sie von Weitem ansehend.) Wie sie vertieft in die Lectüre ist! Und sie bemerkt gar nicht meine Anwesenheit. Nein, so sieht keine Schuldige aus. Ich Thor! Mich durch die offenbaren Renommistereien eines Zierbengels aus der Fassung bringen zu lassen. (Laut.) Lucie, Lucie!

Lucie. Wer ruft denn? Ah, Du. Ich hatte Dich vor Abend nicht erwartet.

Hermann (mit erzwungener Ruhe). So eifrig im Lesen. Gewiß ein Roman.

Lucie. Für dies Mal irrst Du. Es ist Dein gepriesener Helmholtz.

Hermann. Theures Weib, süße Lucie, sieh' mich einmal recht voll und ruhig an!

Lucie (thut es). Du scheinst optische Untersuchungen vorzuhaben. Es ist sehr schmeichelhaft, daß Du meine Augen wenigstens als wissenschaftliches Beobachtungsobject annehmbar findest.

Hermann. Nein, es ist ja gar nicht möglich! Komm' her, Lucie. Lach' mich einmal recht gründlich aus. So recht aus Herzensgrund, wie nur Du lachen kannst. Ich bin wahrhaftig der größte Pavian des neunzehnten Jahrhunderts!

Lucie. Ich begreife nicht, was diese Enthüllung bedeuten soll.

Hermann. Also höre. Beinahe wär's Dir gelungen, mich in eine gelinde Aufregung zu bringen.

Lucie. Das kann wohl nicht mit rechten Dingen zugehen.

Hermann. Ich ruhe mich eben im Café von der ersten Partie aus, und suche mir eigens den einsamsten Tisch, da setzt sich plötzlich ganz uneingeladen ein junges canariengelbes Individuum neben mich, aus dessen Gesichtszügen mit merkwürdiger Leserlichkeit mir die Inschrift: Schafskopf! entgegengrinst. — Wenn ich nicht irre, war's der junge Mann, der im Bazar ein Cigarren-Etui von Dir kaufte.

Lucie. Ah, Du meinst den Baron von Dille. Hoffentlich wirst Du den despectirlichen Ton, in welchem Du von diesem Gentleman sprichst, ändern, wenn ich Dir mittheile, daß er ziemlich hoch in meiner Gunst steht.

Hermann. Wie! So ist es doch wahr —?

Lucie (scheinbar ängstlich). Was ist doch wahr —?

Hermann. Was mir Herr von Dille erzählte!

Lucie. Ich weiß nicht, was er Dir berichtet hat.

Hermann. Nichts mehr und nichts weniger, als daß Du ihm für heute Nachmittag ein Rendezvous bewilligt und ihm — ich glaubte, meine Sinne trügen — sogar einen Kuß versprochen hast!

Lucie (im Ton des Bedauerns). Ah! Das ist aber indiscret von ihm. Ich durfte von einem Cavalier wohl größere Verschwiegenheit erwarten. Es thut mir aufrichtig leid, daß er gerade Dir diese Mittheilung machen mußte.

Hermann. Wie? Es war keine Renommage?

Lucie. Sein Bericht ist correct. Was hilft da ein Leugnen.

Hermann. Lucie, Du foppst mich.

Lucie (achselzuckend). Es ist zwar lächerlich, so etwas zu beschwören, aber wenn Du durchaus nicht anders zu überzeugen bist, so will ich Dir meinetwegen beschwören, daß ich heut' Nachmittag Herrn von Dille ein Rendezvous bewilligt und einen Kuß versprochen habe.

Hermann (empört). Ja, was bedeutet das Alles?

Lucie (ernst). Es bedeutet, daß Du mich zu Deiner Weisheit bekehrt hast.

Hermann. Und das heißt?

Lucie. Das heißt, daß ich mich entschlossen habe, meinem „Lebensschiff" eine andere Richtung zu geben. Ich konnte nicht ahnen, daß dieser — „Courswechsel" Dich so aufregen würde. — Zumal Du vor dem „Compaß der Ehre" ohnehin stets wenig Hochachtung hattest.

Hermann (herzlich). Lucie, Du, Du ... Nein, ich fasse es nicht. Konntest Du, Lucie, Dich so verlieren?

Lucie. Im Gegentheil! Ich habe mich jetzt erst wieder zur Natur zurückgefunden. Du hast nur

3*

allzuwahr gesprochen. Die Treue ist eine Einrichtung der Civilisation. Was weiß die Natur davon!

Hermann. Wie, Schlange! Darum also heute Mittag das scheinbar so empfindungsweiche Inquisitorium?

Lucie. Allerdings! Du wirst zugeben, daß es vor einem so folgenreichen Entscheidungsschritt ein Gebot der „Zweckmäßigkeit" war, mich über Deine voraussichtlichen Verhaltungsmaßregeln zu orientiren.

Hermann. Welche Heuchelei! Welche Falschheit! Welche lieblose Ausdrucksweise! — Und das Alles mir, mir! Gegirrt und geraspelt hab' ich freilich nie, wie Dein canariengelber Seladon. Aber ich fühl's nur in diesem Augenblick noch allzutief: gehört habe ich Dir mit jeder Faser des Herzens und mit keinem Hauch eines schuldigen Gedankens habe ich mich jemals von Dir entfernt.

Lucie (aufathmend, bei Seite). Endlich — seit langen Monaten ein inniges Wort. — (Laut.) Du hast aber schon vor Deinem zwanzigsten Lebensjahre eine Helene, eine Malwine, eine Adelgunde gehabt! Mich leider hat die Natur nicht mit einer so beneidenswerthen Frühreife begabt. Und so führt sie mich denn spät und unfreiwillig dorthin, wohin Du bei Deiner höheren Einsicht schon freiwillig früher gegangen bist. Ja, ja! In den Ring eines Ehegelöbnisses lassen sich die kreisenden Triebe nicht hineinlöthen!

Hermann. Mich aufzugeben um eines so grünen Jungen halber!

Lucie. Vorhin war er canariengelb. Du scheinst schon den Farbensinn zu verlieren.

Hermann. Doch Du irrst, Du Falsche! Leiden sollst Du, verirrtes Weib, — leiden ohne Trost und Heilung. Jeder Tag soll Dir von Neuem zeigen, wen Du verloren, wen Du verlassen hast. An Deiner Seite will ich bleiben und dulden. Was gilt mir Hoffnung und eig'nes Glück? Der Anblick meines unbezwinglichen Schmerzes soll Deine Strafe sein, — eine Strafe, die Dich endlich zu Boden drückt.

Lucie (für sich): Er beginnt mich zu dauern. Aber noch hat er das Herbste nicht ausgekostet. (Laut.) Deine Rechnung ist grundfalsch, mein Freund! Für die herzlose Vernachlässigung, die ich von Dir täglich erfuhr, für jede unterlassene Zärtlichkeit, für jede Bespöttelung meines weiblichen Herzens, werde ich Rache finden in Deinem eignen Schmerz, — — und die „Summe der Lust", die mir aus meiner Tändelei erblüht, wird nur um neue Summanden bereichert, wenn ich Dich leiden sehe. Ja, ja, Herr Philosoph des Unbewußten, Ihre Rechnung ist falsch, Ihre Bücher werden Sie hier im Stich lassen!

Hermann. Weib, bringe mich nicht zum Aeußersten! Schon siedet mir der Kopf. Schon verwirrt mir die Eifersucht die Sinne. Ich kenne mich selbst nicht mehr!

Lucie. An der Bekanntschaft hast Du nicht viel verloren. (Es klopft.)

Hermann. Das fehlt mir noch! Ein Besuch zu so ungelegener Stunde.

Lucie (für sich). Gewiß Herr von Dille. Er ist pünktlich! — (Laut.) Herein!

Elfte Scene.

Herr von Tille. Die Vorigen.

Herr von Dille. Gnä'ge Frau. — Auf Flügeln des Gehorsams —

Lucie. Ach, Herr Baron, Sie würden mich sehr verbinden, wenn Sie mit diesem Herrn sich persönlich auseinandersetzten und ihn von seinen eigenthümlichen Ansprüchen curirten! (Ab).

Zwölfte Scene.

Hermann. Herr von Tille.

Beide (zugleich). Aber was wollen Sie denn hier?

Herr von Dille. Es sollte Ihnen doch bekannt sein, daß die gnä'ge Frau Nichts von Ihnen wissen will.

Hermann. Mein Herr, welche Unverschämtheiten erlauben Sie sich!

Herr von Dille. Unverschämt ist, daß Sie diese Wohnung noch zu betreten wagen.

Hermann (wüthend). Sie beginnen drollig zu werden! Wahrhaftig, Sie gefallen mir.

Herr von Dille (für sich). Ich scheine schon wieder Eindruck zu machen. Mit diesem Stockfisch von Buchhalter wollen wir schon fertig werden.

Hermann (für sich). Solchem Gelbschnabel gegenüber ist eigentlich jede Erregung Unsinn. Ihm wollen wir einfach den alten Corpsburschen zeigen.

Herr von Dille. Sie sollten sich doch blos um Ihre Bücher bekümmern.

Hermann. Aha! Sie scheinen schon gut über mich instruirt zu sein.

Herr von Dille. Allerdings bin ich das. Womit wollen Sie eigentlich die gnä'ge Frau unterhalten? An Ihren Rechenexempeln findet sie kein Vergnügen.

Hermann. Die Einstudirung ist nicht übel.

Herr von Dille. Erkundigen Sie sich doch lieber nach dem neuen Cours.

Hermann. Ah, Sie sind natürlich auch schon von dem Courswechsel unterrichtet.

Herr von Dille. Ich bin gar nicht unterrichtet. Und überhaupt . . . Sie scheinen mir . . .

Hermann. Herr Baron, Sie sind Cavalier, und werden keinen Augenblick im Zweifel sein, was Sie mir schuldig sind.

Herr von Dille. Ich bin Ihnen gar nichts schuldig. Habe niemals mit Ihnen in Geschäftsverbindung gestanden.

Hermann. Ich meinerseits halte zwar das Duell für einen Blödsinn und möchte Sie am liebsten gleich auf der Stelle niederschießen; da mich das jedoch leider in eine ungemüthliche Collision mit dem Staatsanwalt bringen würde, so werden Sie sich mit mir schlagen. Und zwar sofort. Und zwar auf Pistolen. Hier meine Karte. (Gibt sie ihm.)

Herr von Dille (liest:) Dr. Hermann Gentz... (Taumelt zurück). Sie sind nicht...

Dreizehnte Scene.

Die Vorigen. Lucie. Frau von Weißhaupt.

Lucie. „Steckt Eure Schwerter ein, sie könnten rosten!"... Weißt Du, Hermann, was Du eben thun wolltest?

Hermann. Ich weiß gar nichts mehr.

Lucie. Du wolltest für mich Dein Gehirn verspritzen und mir dadurch den Beweis liefern, daß Du wenig hast.

Hermann (sich umsehend). Also um ein Spiel handelt es sich?

Lucie. Frau von Weißhaupt mag es Dir bestätigen.

Hermann. Du hast also weder eine Zusammenkunft verabredet noch einen Kuß versprochen?

Lucie. O doch, ich that Beides!

Hermann. Wie?!

Frau von Weißhaupt. Die Zusammenkunft geschieht nämlich nur zum Besten des Armenkindergartens!

Dille. Und der Kuß kostet mich zwanzig Louisd'or.

Hermann. So bin ich also gefangen und umgarnt. O ich unverbesserlicher E —

Lucie (ihm den Mund zuhaltend). Ehrenmann.

Hermann. Und was willst Du mir mit Deiner Eifersuchtskomödie beweisen?

Lucie. Wie windig es mit Deiner Lehre von den „überflüssigen Erregungen" aussieht, und daß sich die Natur zwar belauschen, aber nicht überwinden läßt und daß auch der weiseste Philosoph noch ein thörichter Mensch bleibt!

Hermann (sie umarmend). Wer könnte solchen „Schlüssen" widerstehn!

Lucie (indem sie ein Buch vom Schreibtisch nimmt, um es Hermann mit einem Blick auf den Kamin zu überreichen). Und damit die Philosophie des Unbewußten Dich nicht mehr in's Feuer bringt . . .

Hermann. Ist es rathsam, meinst Du, daß ich sie in's Feuer bringe! Nun, das wollen wir uns doch noch überlegen. An dem Buch liegt's nicht, sondern an meiner verkehrten Auffassung.

Frau von Weißhaupt. Aber der Kuß! Der Kindergarten! Der Kuß!

Dille (sie zurückhaltend, leise). Um Gotteswillen nicht in Gegenwart des Mannes... das ist ein Wüthrich.

Frau von Weißhaupt. Nein, nein! Den Kuß, Lucie, müssen Sie gewähren!

Lucie. Muß ich wirklich?

Frau von Weißhaupt. Unwiderruflich!

Lucie. Ach, Herr Baron, könnten Sie sich nicht mit einem Kuß auf die Hand begnügen?

Frau von Weißhaupt. Nun wollen Sie auch noch etwas abhandeln. Nein, das ist garstig.

Hermann. Ich will Ihnen einen Vorschlag machen, Herr Baron. Sie sehen, Frau von Weißhaupt wird nie und nimmermehr locker lassen.

Frau von Weißhaupt. Nie und nimmermehr!

Hermann. So will ich Ihnen denn den Kuß für zwanzig Louisd'or abkaufen. Einverstanden?

Dille. Einverstanden!... (Leise:) Ich bin froh, daß ich mit gesunden Gliedern aus dem Hause komme.

Lucie. Das ist edel von Dir, mein Hermann! Wer hätte sich träumen lassen, daß Du noch die Küsse Deiner eig'nen Frau mit so viel Geld aufwiegen würdest. Dafür sollst Du jetzt auch einen ganzen Kuß Agio bekommen!

(Sie küssen sich.)

Frau von Weißhaupt. Das nenne ich aber ein herzliches Versöhnen! (Schnell:) Wann darf ich morgen den Vereinsdiener mit der Rechnung schicken?

Hermann. Wann Sie wollen! . . . So schnell habe ich in meinem ganzen Leben noch keine zwanzig Louisd'or verzehrt!

Frau von Weißhaupt. Jetzt kommen Sie aber Alle zu meinem Vortrag. Wissen Sie, wem die Einnahme zufließt? . . . Einer heruntergekommenen Thürmerswitwe!

(Der Vorhang fällt.)

Von unserem bekannten, vor 24 Jahren begonnenen:

Wiener Theater-Repertoir

sind seither 312 Hefte erschienen und wird diese Sammlung eifrig fortgesetzt.

Das Wiener Theater-Repertoir gibt eine ziemlich vollständige Uebersicht des Wiener Bühnenlebens während des letztverflossenen Viertels unseres Jahrhunderts und bildet somit den lebensvollsten Beitrag zur Geschichte der Wiener Bühnen.

Ausführliche Prospecte dieser umfassenden Sammlung werden jederzeit auf Wunsch gratis verabfolgt.

Wien, im Februar 1876.

Wallishausser'sche Buchhandlung
(Jos. Klemm),
Stadt, Hoher Markt Nr. 1.

In der
Wallishausser'schen
Sammlung Deutscher Bühnenwerke
werden erscheinen:

Ein Achtundvierziger. Orig.-Volksstück in 6 Bildern v. Eduard Dorn.
Bretislaw. Trauersp. in 5 A. v. Herman Schmid.
Brüllvogel. Schwank in 1 A. v. Paul Perron.
Camöens. Trauersp. in 4 A. v. Herman Schmid.
Eine deutsche Frau. Schausp. in 3 A. v. Herman Schmid.
Didier. Schausp. in 3 A., nach Pierre Berton, v. Betty Paoli.
Don Quixote. Von Herman Schmid.
Durch Champagner. Lustsp. in 1 A. v. Betty Young.
Ehre für Liebe. Liebesdrama in 5 A., mit Benützung einer Erzählung aus d. Französ. v. Eduard Dorn.
Ein ernster Heirathsantrag. Lustsp. in 1 A. v. Sigmund Schlesinger.
Franz Schubert. Orig.-Singsp. in 1 A. v. Hans May. (Musik m. Benützung Schubert'scher Motive v. Franz v. Suppé.)
Frau Sonne. Lustsp. in 1 A. v. Sigmund Schlesinger.

Fürst und Stadt, oder: **Die Münchener Kindeln.** Volksstück in 5 A. v. Herman Schmid.

Eine gute Lehre. Schwank in 2 A., nach einem italien. Stoff, v. Heinrich v. Littrow.

Ich liebe Sie! Lustsp. in 1 A., frei nach Charles Hugo, v. F. Zell.

Im Posthause. Lustsp. in 1 A., frei nach d. Polnischen des J. Korzeniowski, v. Hans Max.

Ein Kuß. Lustsp. in 1 A. v. Heinrich v. Littrow.

Ludwig im Bart. Trauersp. in 5 A. v. Herman Schmid.

Männer von Ehre. Schausp. in 4 A. v. Charles Garand. Deutsch v. M. A. Grandjean.

Maximilian. Von Herman Schmid.

Messenhauser. Volksdrama in 8 Bildern v. Eduard Dorn.

Nero. Trauersp. in 5 A. v. Martin Greif.

Der neueste Scandal. Komödie in 3 A. v. Théodore Barrière. Deutsch bearb. v. F. Zell. Einzige berechtigte Bearbeitung (für das Wiener Stadt-Theater).

Des Onkels Liedchen. Schwank m. Gsg. in 1 A., frei nach d. Polnisch. des Joh. Alex. Graf Fredro, v. Hans Max.

Ein Opfer der Patienten. Lustsp. in 1 A. v. Sigmund Schlesinger.

Ein Opfer der Wissenschaft. Lustsp. in 1 A. v. Sigmund Schlesinger.

Paul de Kock. Lustsp. in 1 A. v. Carl Weiß.

Poesie und Prosa. Von Herman Schmid.
Der preußische Landwehrmann und die französische Bäuerin. (Kurmärker und Picarde.) Komische Scene m. Gsg., nach einem Genrebilde bearb. v. Friedrich Kaiser. (Musik v. Franz v. Suppé.)
Reine Hände! Lustsp. in 4 A. v. M. Oeribauer.
Rose und Distel. Schausp. in 1 A. v. Herman Schmid.
Die Schraube des Glücks. Lustsp. in 1 A. v. Sigmund Schlesinger.
Der Selbstmörder. Von Herman Schmid.
Spartacus. Trauersp. in 5 A. v. Franz Koppel.
Straßburg, oder: Eine deutsche Stadt. Trauersp. in 5 A. v. Herman Schmid.
Der Tanzboden. Kleinigkeit in 1 A. v. Moriz Epstein.
Thassilo. Tragödie in 5 A. v. Herman Schmid.
Der Theuerdank. Lustsp. in 5 A. v. Herman Schmid.
Eine Tragische. Dramat. Scherz in 1 A. v. Sigmund Schlesinger.
Die Veilchen. Lustsp. in 1 A. v. M. v. Eschenbach.
Die Veilchendame. Orig.-Volksstück m. Gsg., mit einem Vorspiel u. in 6 Bildern v. Eduard Dorn. (Musik v. C. Millöcker.)
Warum haben Sie das nicht gleich gesagt? Schwank in 1 A. v. Paul Perrou.
Xantippe. Lustsp. in 1 A. v. Heinrich v. Littrow.

Zu treu. Von Sigmund Schlesinger.
Zuvor die Mama. Lustsp. in 1 A., frei nach d.
   Polnisch. des J. Korzeniowski, v. Hans Max.
Der Zweck heiligt die Mittel, oder: Der Kapellen-
   bauer. Orig.=Charakterbild m. Gsg. in 7 Bildern
   v. Eduard Dorn. (Musik v. Karl Kleiber.)

———

Der Beginn unseres **Theater=Verlages** fällt in die Zeit der Gründung des Wiener Burgtheaters und bildet mit unserem **Theater=Sortimente** und mit unserem **Theater=Antiquariate** das größte und vollständigste

Lager dramatischer Literatur,

in dem auch selten gewordene und im Handel gar nicht vorkommende Piecen zu finden sind.
Von dem bekannten „**Wiener Theater=Repertoir**" sind soeben Heft 300 bis Heft 312 ausgegeben worden (die neuesten Producte von Berg, Bittner, Eirich, Grandjean, Kaiser, L'Arronge, Morländer, Rosen, u. A. enthaltend),
von Grandjean's „**Gute Unterhaltung**" ist Bändchen 4, von „**Wehl's gesammelten Vorträgen**" sind Heft 11—13 neuerdings erschienen.

Wien, März 1876.

Wallishausser'sche Buchhandlung
(Josef Klemm.)

Druck von Adolf Holzhausen in Wien.

In der **Wallishausser'schen**
Sammlung Deutscher Bühnenwerke

erschienen bisher:

1. **Das Trauerspiel des Kindes.** Schauspiel in 2 Acten von Sigmund Schlesinger . . . . fl. 1.20
2. **Eine Jugendsünde.** Schwank in 3 Acten von Julius Findeisen . . . . fl. 1.20
3. **Tiberius.** Tragödie in 5 Acten von Julius Grosse fl. 1.50
4. **Der Seelenretter.** Lustspiel in 1 Act von Hedwig Dohm . . . . fl. —.90
5. **Das heyß Eisen,** ein Nürnberger Fastnachtsspiel von Hans Sachs. Für die neuere Bühne eingerichtet von Rud. Genée . . . . fl. —.50
6. **Corfiz Ulfeldt,** der Reichshofmeister von Dännemark. Trauerspiel in 5 Acten und 1 Vorspiel von Martin Greif. 2. Aufl. . . . . fl. 1.50
7. **Dschingiskhan.** Lustspiel in 1 Act von Karl Gutzkow fl. —.60
8. **Die Philosophie des Unbewußten.** Lustspiel in 1 Act von Oscar Blumenthal . . . . . fl. —.90

(Die Sammlung wird fortgesetzt.)

Sakuntala. Drama in 5 Aufzügen, für die deutschen Bühnen bearbeitet von A. Donsdorf . . fl. 1.20

Wallishauſſer'ſche

Sammlung Deutſcher Bühnenwerke.

Nr. 8.

Die Philoſophie des Unbewußten.

Luſtſpiel in einem Act von Oscar Blumenthal.

Preis: 60 kr. oder 1 Mark 20 Pf.

Druck von Adolf Holzhauſen in Wien.